◎主　编　黄玉峰

◎副主编　朱　煜　丁慈矿

◎编委会（按姓氏音序排列）

丁慈矿　黄玉峰　蒋人杰　王琳妮　王振宁　赵志伟　朱　煜

新编中华文化基础教材

第三册

中华书局

图书在版编目（CIP）数据

新编中华文化基础教材.第三册/黄玉峰主编;朱煜,丁慈矿副主编. —北京:中华书局,2017.8
ISBN 978-7-101-11758-5

Ⅰ.新… Ⅱ.①黄…②朱…③丁… Ⅲ.中华文化-小学-教材
Ⅳ.G624.201

中国版本图书馆 CIP 数据核字（2016）第 087099 号

书　　名	新编中华文化基础教材　第三册
主　　编	黄玉峰
副 主 编	朱　煜　丁慈矿
责任编辑	祝安顺　熊瑞敏
装帧设计	王铭基　王　娟
插图绘制	刘耀杰
出版发行	中华书局
	（北京市丰台区太平桥西里 38 号　100073）
	http://www.zhbc.com.cn
	E-mail:zhbc@ zhbc.com.cn
印　　刷	北京瑞古冠中印刷厂
版　　次	2017 年 8 月北京第 1 版
	2017 年 8 月北京第 1 次印刷
规　　格	开本/880×1230 毫米　1/16
	印张 4½　字数 40 千字
印　　数	1-5000 册
国际书号	ISBN 978-7-101-11758-5
定　　价	13.80 元

编写说明

一、《新编中华文化基础教材》是响应中共中央办公厅、国务院办公厅《关于实施中华优秀传统文化传承发展工程的意见》及教育部《完善中华优秀传统文化教育指导纲要》指导精神组织编写的中华优秀传统文化教材,一至九年级十八册,高中学段六册,共二十四册。

二、本教材以"立德树人"为教学宗旨,以分学段有序推进中华优秀传统文化教育为目标,注重培育和提高学生对中华优秀传统文化的亲切感和感受力,增强学生对中华优秀传统文化的理解力和理性认识,坚定文化自信。

三、本册教材供二年级上学期使用,包含十课,每课分为四个模块,分别为"识文断字""开蒙启智""诵诗冶性""博闻广识"。

1. "识文断字"模块为汉字教学。每课选取三到五个汉字,列出该字的古今字形,多数配备生动形象的图片,解析汉字的造字原理和规律,说明字义的古今演变,让学生对汉字的造字规律及其背后的文化内涵有初步的印象和了解。

2. "开蒙启智"模块为蒙学经典教学。每课选录古代蒙学经典的文段,辅以亲切简要的提示。内容选择上注重贯彻人格教育,引导学生了解、体会中华优秀传统文化的价值取向与思维模式,进而塑造良好的性格品质与行为方式。

3. "诵诗冶性"模块为诗词教学。每课选录适合小学生诵读的经典诗词若干首。古典诗词是中华优秀传统文化的精髓，对于陶冶学生的思想情操，丰富学生的情感体验，提高学生的审美能力等都有重要意义。

4."博闻广识"模块为文化常识教学。每课分主题介绍中华传统文化艺术各个方面的常识，拓展学生的文化视野。

本教材之编辑力求严谨，编写过程中广泛征求各界意见，期能以较完备之面貌呈现；然疏漏之处在所难免，敬祈学界先进不吝指正。

编者

2017 年 2 月

目 录

第一课　识文断字·吐、呼、味、噎 ················ 1
　　　　开蒙启智·《弟子规》选段 ················ 3
　　　　诵诗冶性·回乡偶书二首 ················ 4
　　　　博闻广识·编钟 ················ 6

第二课　识文断字·盲、睛、瞳、睡 ················ 7
　　　　开蒙启智·《千字文》选段 ················ 8
　　　　诵诗冶性·凉州词、浪淘沙 ················ 10
　　　　博闻广识·胡旋舞 ················ 12

第三课　识文断字·顶、颊、颈、领 ················ 13
　　　　开蒙启智·《三字经》选段、《千字文》选段 ················ 15
　　　　诵诗冶性·出塞、从军行 ················ 16
　　　　博闻广识·戏曲 ················ 18

第四课　识文断字·掌、摩、扣、把 ················ 19
　　　　开蒙启智·《弟子规》选段 ················ 21
　　　　诵诗冶性·凉州词、芙蓉楼送辛渐 ················ 22
　　　　博闻广识·中华武术 ················ 24

第五课　识文断字·抹、抱、扶、描 ················ 25
　　　　开蒙启智·《弟子规》选段 ················ 26
　　　　诵诗冶性·别董大、逢入京使 ················ 28
　　　　博闻广识·古琴 ················ 30

第六课　识文断字·跑、跨、踮、跳 ………………… 31

　　　　开蒙启智·《弟子规》选段 ……………… 32

　　　　诵诗冶性·枫桥夜泊、滁州西涧 ………… 34

　　　　博闻广识·围棋 …………………………… 36

第七课　识文断字·忘、怒、忠、性 ……………… 37

　　　　开蒙启智·《千字文》选段 ……………… 38

　　　　诵诗冶性·饮湖上初晴后雨、题西林壁 …… 40

　　　　博闻广识·中国象棋 …………………… 42

第八课　识文断字·肚、肝、背、肢 ……………… 43

　　　　开蒙启智·《朱柏庐治家格言》选段 ……… 44

　　　　诵诗冶性·江南春、山行 ……………… 46

　　　　博闻广识·园艺 …………………………… 48

第九课　识文断字·伯、侄、佣、伙 ……………… 49

　　　　开蒙启智·《增广贤文》选段 …………… 51

　　　　诵诗冶性·绝句、惠崇春江晓景 ……… 52

　　　　博闻广识·器玩 …………………………… 54

第十课　识文断字·伸、健、傍、倦 ……………… 55

　　　　开蒙启智·《增广贤文》选段 …………… 57

　　　　诵诗冶性·绝句、江畔独步寻花 ……… 58

　　　　博闻广识·服饰 …………………………… 60

第 一 课

"木"（ 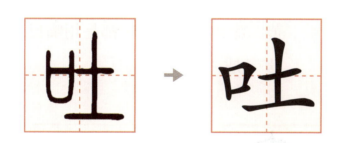 ）属于象形字，"采"（ ）属于会意字，但是用象形和会意的方法能造的字是有限的，于是我们的祖先又发明了形声字。形声字一般由两个部件构成，其中一个部件表示字的意思，叫作形旁；另一个部件表示字的读音，叫作声旁。例如"梅"字，"木"字旁表示梅是树木，"每"则表示"梅"字的读音。

口字旁（ ）像嘴巴的样子。口字旁的字，意义大多数都和嘴巴或嘴巴的动作有关。

吐 → 吐

"扬眉吐气"的"吐"表示东西从嘴巴里涌出来的动作，它的形旁是"口"，声旁是"土"。身体不舒服，可能会把吃下去的食物吐出来，说话唱歌的声音从口中发出也可以用"吐"，比如"吐字清楚"。

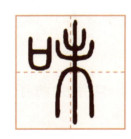　"呼吸"的"呼"是把气从嘴巴里吐出来,它的形旁是"口",声旁是"乎"。我们在大声叫别人名字时也会大口把气吐出来,这就叫"呼唤"。

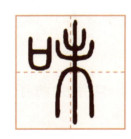 

　"美味佳肴"的"味"表示滋味的意思,不同食物有不同的滋味,甜、酸、苦、辣、麻这些滋味都是用嘴巴尝出来的。它的形旁是"口",声旁是"未"。

　有时候吃饭太急,食物堵在喉咙或食道口,那就叫"噎着了"。有时候顶着大风走路,也会有这种情况。噎,对健康是不利的,吃饭时可要细嚼慢咽。"壹"是声旁,读 yī,"噎"读 yē,两个字现在读音还是相近的,古时候它们的读音是相同的。

开蒙启智

人需要自律，自省（xǐng）。

一

rù xū shì， rú yǒu rén
入 虚 室 ， 如 有 人 。

——《弟子规》

学与习

你就算进入一个空空的房间，也要像里面有人一样，保持谨慎，不要太随意。

二

wéi dé xué，
唯 德 学 ，
wéi cái yì，
唯 才 艺 ，
bù rú rén，
不 如 人 ，
dāng zì lì。
当 自 励 。

——《弟子规》

学与习

德学、才艺不如人时，要发奋努力，迎头赶上。

贺知章八十多岁时回到故乡，家乡的人，家乡的景，会是什么样子呢？

回乡偶书（其一）

〔唐〕贺知章

少小离家老大回，
乡音无改鬓毛衰。
儿童相见不相识，
笑问客从何处来。

huí xiāng ǒu shū qí èr
回乡偶书（其二）

táng hè zhī zhāng
〔唐〕贺知章

lí bié jiā xiāng suì yuè duō
离 别 家 乡 岁 月 多，

jìn lái rén shì bàn xiāo mó
近 来 人 事 半 消 磨。

wéi yǒu mén qián jìng hú shuǐ
惟 有 门 前 镜 湖 水，

chūn fēng bù gǎi jiù shí bō
春 风 不 改 旧 时 波。

学与习

　　诗人回到故乡，说话的口音没有变化，可乡里的小孩子却不认识他。也难怪，诗人离开家乡时，那些孩子还没出生呢。家乡的湖水也没有变化，不过，我想，诗人的心情一定有很多变化。

编 钟

中国古代对于音乐是非常重视的。孔子说："兴于诗，立于礼，成于乐。"《六经》中就有一部《乐经》，可惜已经失传了。编钟是古代一种大型打击乐器，由大小不同的青铜扁圆钟按照音调高低的次序排列起来，挂在巨大的钟架上，用丁字形的木锤和长形的棒分别敲打，演奏出美妙的乐曲。

1977 年 9 月，湖北随州城郊的一个小山包上，人们偶然发现了一座曾侯乙"超级古墓"，于是沉睡于地下 2430 年的曾侯乙编钟终于重见天日。这套精美绝伦的青铜铸器重达 2567 公斤，由 65 个大小编钟组成。专业人员经检测发现：曾侯乙编钟，音域跨越 5 个八度，只比现代钢琴少一个八度，中心音域 12 个半音。它高超的铸造技术和良好的音乐性能，改写了世界音乐史，被称为"稀世珍宝"。

湖北省博物馆藏曾侯乙墓出土编钟

第 二 课

识文断字

"目"的古字形（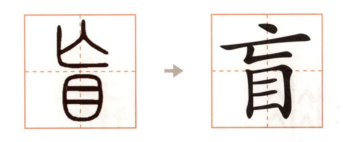）像人的眼睛。目字旁的字，意义大多数都和眼睛或眼睛的动作有关。

"盲人"的"盲"是形声字，形旁是"目"，表示与眼睛有关。声旁是"亡"，"亡"的读音是wáng，与"盲"的读音máng，韵母是相同的。

我们中国人的眼睛中有两只黑色的眼珠，有些外国人的眼珠是棕色或蓝色的。"睛"就是眼珠的意思，形旁是"目"，声旁是"青"。"青"（qīng）做声旁的常用字还有"清""情""晴""请"等。

瞳

我们眼睛的中心有一个黑色的小圆孔，叫作"瞳孔"，光线通过这个瞳孔，我们就能看见东西了。"瞳"的形旁是"目"，声旁是"童"。

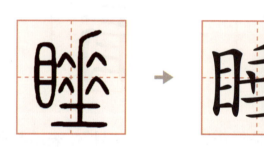

"睡"的形旁是"目"，声旁是"垂"。"垂"的读音是chuí，与"睡"的读音shuì，韵母是一样的。

开蒙启智

读古人所描绘的自然界，很有趣味。

一

tiān dì xuán huáng　　yǔ zhòu hóng huāng
天 地 玄 黄 ，　宇 宙 洪 荒 。
rì yuè yíng zè　　chén xiù liè zhāng
日 月 盈 昃 ，　辰 宿 列 张 。

——《千字文》

　　这一段是《千字文》的开篇，从天地宇宙、日月星辰写起，气势恢宏。"玄"是天空的深青色，"黄"是大地的颜色。"洪荒"是远古宇宙蒙昧混沌的状态。"盈"是满月的意思，"昃"是太阳西斜。"日月盈昃"说的是太阳东升西落，月亮有阴晴圆缺的变化。"辰宿列张"是说天上的星宿排布有序。

二

hán	lái	shǔ	wǎng	qiū	shōu	dōng	cáng
寒	来	暑	往 ，	秋	收	冬	藏 。

rùn	yú	chéng	suì	lǜ	lǚ	tiáo	yáng
闰	余	成	岁 ，	律	吕	调	阳 。

yún	téng	zhì	yǔ	lù	jié	wéi	shuāng
云	腾	致	雨 ，	露	结	为	霜 。

——《千字文》

学与习

　　这段话说的是大自然和人类社会中的阴阳变化。天气由热转寒，百姓在秋天收获，冬天把粮仓屯满。纪年的历法与地球环绕太阳运行一周的时长有一定的差异，所以古人就用设置闰日或闰月的办法让历法正常施行。"律吕"是音律的统称，古人把十二个标准音中奇数的六个称为阳律，偶数的六个称为阴律，阴阳调和才能构成美妙的音乐。云气是水分遇热蒸腾所致，遇冷就会凝结成雨；露水遇到夜晚的寒气就会结成霜。

黄河是中华民族的母亲河，她经常出现在古代诗人的笔下。

凉 州 词
liáng zhōu cí

〔唐〕王 之 涣
táng wáng zhī huàn

黄 河 远 上 白 云 间 ，
huáng hé yuǎn shàng bái yún jiān

一 片 孤 城 万 仞 山 。
yí piàn gū chéng wàn rèn shān

羌 笛 何 须 怨 杨 柳 ，
qiāng dí hé xū yuàn yáng liǔ

春 风 不 度 玉 门 关 。
chūn fēng bú dù yù mén guān

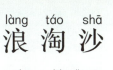

浪淘沙
làng táo shā

〔唐〕刘禹锡
táng liú yǔ xī

九曲黄河万里沙，
jiǔ qū huáng hé wàn lǐ shā

浪淘风簸自天涯。
làng táo fēng bǒ zì tiān yá

如今直上银河去，
rú jīn zhí shàng yín hé qù

同到牵牛织女家。
tóng dào qiān niú zhī nǚ jiā

学与习

　　黄河水波滔滔，气势宏大，好像是流向天边，诗人甚至说，顺着黄河走，可以到达天上牛郎织女的家里。

胡 旋 舞

我国在音乐、歌舞方面，曾经大量吸收西域少数民族的艺术风格，胡旋舞就是其中之一。"胡"是指它来自西域，而"旋"是因为这种舞蹈的特点是动作轻盈，要随着鲜明的鼓点节奏，快速不停地旋转。女子跳这种舞时，衣裙像伞盖一样飘起，十分好看。

胡旋舞壁画

胡旋舞节奏快，让人看了精神振奋，引进之后深受人们喜爱，在唐朝的时候尤其流行。唐明皇时，杨贵妃很擅长跳胡旋舞。后来白居易描写这种舞蹈："弦鼓一声双袖举，回雪飘摇转蓬舞。左旋右转不知疲，千匝（zā）万周无已时。"跳胡旋舞的姑娘在鼓乐声中，像飘扬的雪花、飞蓬一般轻盈，千圈万周转个不停，不知疲倦。因为胡旋舞深受唐明皇喜爱，当时宫廷之中，人人学跳胡旋舞。

第 三 课

识文断字

"页"的古字形（  ）像人的头部。页字旁的字，意义大多数都和头部有关。

幘 → 顶

"顶"就是头顶的意思。"顶"是形声字，形旁是"页"，声旁是"丁"。顶是人体最高的地方，后来也用来指称其他物体最高的地方，如"山顶""屋顶"等。

"脸颊"的"颊"是形声字。形旁是"页",因为脸颊在人的头部,声旁是"夹"。

"颈"就是脖子的意思。脖子里的骨头被称为"颈椎"。花瓶上细细的像脖子一样的部分就叫"瓶颈"。"颈"的形旁是"页",声旁是"至"。"至"做声旁的常用字有"茎""泾""经""劲"等。

"领"本来也是指头颈,领带、领巾不就是围在头颈上的么?后来常用来表示衣服的领子,衣领也是围着头颈的。拿衣服,一般总是拎起衣领,因此"领"就有了引领的意思。"领"的形旁是"页",声旁是"令"。

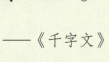

开蒙启智

看看古人说的"六谷""六畜"是指什么？

一

稻粱菽，　麦黍稷。
dào liáng shū　mài shǔ jì

此六谷，　人所食。
cǐ liù gǔ　rén suǒ shí

马牛羊，　鸡犬豕。
mǎ niú yáng　jī quǎn shǐ

此六畜，　人所饲。
cǐ liù chù　rén suǒ sì

——《三字经》

学与习

　　稻子、小米、大豆、小麦、黄米、高粱，合称"六谷"。马、牛、羊、鸡、狗、猪，合称"六畜"。这些都是古代农业的基础。生活在城市里的同学很容易五谷不分哦。

二

治本于农，
zhì běn yú nóng

务兹稼穑。
wù zī jià sè

俶载南亩，
chù zài nán mǔ

我艺黍稷。
wǒ yì shǔ jì

——《千字文》

治国的根本在于农业，所以必须致力于耕种和收获。"俶载"是开始的意思。要在农田里认真种植各种庄稼。

诵诗冶性

王昌龄是唐代著名的诗人，被称为"七绝圣手"。他非常善于写有关边疆生活的诗。

出塞 (chū sài)

〔唐〕王昌龄 (táng wáng chāng líng)

秦时明月汉时关，
(qín shí míng yuè hàn shí guān)

万里长征人未还。
(wàn lǐ cháng zhēng rén wèi huán)

但使龙城飞将在，
(dàn shǐ lóng chéng fēi jiàng zài)

不教胡马度阴山。
(bú jiào hú mǎ dù yīn shān)

从军行
cóng jūn xíng

〔唐〕王昌龄
táng wáng chāng líng

青海长云暗雪山，
qīng hǎi cháng yún àn xuě shān

孤城遥望玉门关。
gū chéng yáo wàng yù mén guān

黄沙百战穿金甲，
huáng shā bǎi zhàn chuān jīn jiǎ

不破楼兰终不还。
bú pò lóu lán zhōng bù huán

📖 学与习

　　这两首诗都写到了驻守边疆的战士，征战不断，生活艰苦，但意志却十分坚定。也写到了边疆大漠特有的自然景观。

戏 曲

中国的戏曲源远流长，它由古代的歌舞、伎艺发展演变而来。后来逐渐演变为由文学剧本、导演、表演、音乐、美术等多种艺术组成的综合艺术。

我国的戏曲约有三百六十种，传统剧目数以万计！在此我们主要介绍昆曲和京剧。

昆曲是我国的古老剧种，又称"中国戏曲之母""百戏之祖"。它源于江苏昆山，明中叶后开始盛行，当时的传奇戏多用昆曲演唱。昆曲的风格清丽柔婉、细腻抒情，表演载歌载舞、程式严谨。汤显祖的《牡丹亭》是昆曲的代表性剧目。

被视为"国粹"的京剧是我国影响最大的剧种，又被称为"东方歌剧"。京剧擅长表现历史题材的政治和军事斗争，剧目大多取材于历史演义和小说话本。经典剧目有《霸王别姬》《白蛇传》《贵妃醉酒》等。

丑角脸谱　　　　　　　包公脸谱

第 四 课

　　"手"的古字形（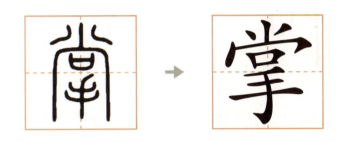）像一只伸出五只手指的手，手作为部首有时写作"扌"。手字旁的字，意义大多都和手部动作有关。

掌 → 掌

　　"掌"是手心，用"手"做形旁。鼓掌，就是手心拍手心。脚底也可以叫脚掌。"掌"的上半部"尚"是声旁。"尚"的读音是shàng，和"掌"的读音zhǎng，韵母是相同的。

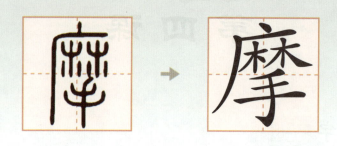

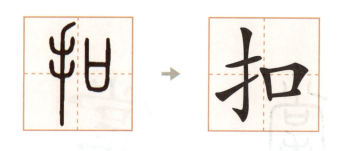

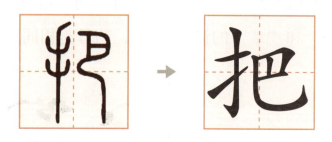

用手按着来回擦，叫抚摸，叫按摩。"麻"是声旁，"手"是形旁。在"掌""摩"等上下结构的字中，"手"不写成"扌"。

把纽扣扣好，把门扣上，这些都是手的动作，"扌"是形旁，"口"是声旁。

"把"的形旁是"扌"，声旁是"巴"，"把"是握住、抓住的意思。司机把着方向盘，士兵两手把着枪，就是这个意思。我们常说"一把刀""一把茶壶"，是不是也和这个意思有关系呢？

开蒙启智

学习要讲究方法，学习知识之前，首先要学会做人。

一

fàn ài zhòng　　　ér qīn rén
泛 爱 众 ， 而 亲 仁 。
yǒu yú lì　　　zé xué wén
有 余 力 ， 则 学 文 。

——《弟子规》

学与习

关爱众人，做一个"仁"者，学习吟诗作对，填词作赋，都在其次。

二

dú shū fǎ
读 书 法 ，
yǒu sān dào
有 三 到 ，
xīn yǎn kǒu
心 眼 口 ，
xìn jiē yào
信 皆 要 。
fāng dú cǐ　　　wù mù bǐ
方 读 此 ， 勿 慕 彼 ，
cǐ wèi zhōng　　　bǐ wù qǐ
此 未 终 ， 彼 勿 起 。

——《弟子规》

第四课

21

南宋朱熹在《童蒙须知》中说："读书有三到，谓心到，眼到，口到。心不在此，则眼看不仔细，心眼即不专一，却只漫浪诵读，决不能记，记亦不能久也。三到之中，心到最急。"读书要有始有终，这本书没读完，就不要去翻另一本书。现在很多人只顾买书，不知读书。读了三分之一、四分之一就放下了，不能做到有始有终，真要不得。

诵诗冶性

一首依然是边塞诗，另一首是送别诗，大声读几遍，最好能背下来。

凉州词 (liáng zhōu cí)

〔唐〕王翰 (táng wáng hàn)

葡 萄 美 酒 夜 光 杯 ，
(pú táo měi jiǔ yè guāng bēi)

欲 饮 琵 琶 马 上 催 。
(yù yǐn pí pá mǎ shàng cuī)

醉 卧 沙 场 君 莫 笑 ，
(zuì wò shā chǎng jūn mò xiào)

古 来 征 战 几 人 回 ？
(gǔ lái zhēng zhàn jǐ rén huí)

芙蓉楼送辛渐
fú róng lóu sòng xīn jiàn

〔唐〕王昌龄
táng wángchānglíng

寒雨连江夜入吴，
hán yǔ lián jiāng yè rù wú

平明送客楚山孤。
píng míng sòng kè chǔ shān gū

洛阳亲友如相问，
luò yáng qīn yǒu rú xiāng wèn

一片冰心在玉壶。
yí piàn bīng xīn zài yù hú

学与习

《凉州词》是古代的曲调名，唐朝的很多诗人喜欢把这三个字当作诗歌的题目。王昌龄的这首送别诗与他的边塞诗，你喜欢哪一首？能说说原因吗？

23

中华武术

武术是中华民族传统文化瑰宝中的一个重要内容。武术又被称为"武艺""功夫""国术"等。

武术是以中国传统文化为理论基础，以踢、打、摔、拿、击、刺、劈、砍、扎等攻防格斗动作为素材，按照攻防进退、动静徐疾、刚柔虚实、内外合一等规律编排成各种练习动作的一个体育项目。武术有三种基本类型：功法运动、套路运动、格斗运动。

武术同时又是一项能增强体质，培养意志，具有中国特色的体育运动。武术的历史悠久，在今天仍然有强大的生命力。1985年，中国武术联合会筹备委员会成立。欧洲、亚洲、南美洲、非洲等都成立了各种武术联合会，也许有一天，武术会成为奥运会的正式项目。

第 五 课

继续学几个与手有关的字。

抹药、抹油、抹眼泪，都是用手的。"抹"字是形声字，"扌"是形旁。"末"是声旁，和"抹"声母、韵母都相同，只是声调不同。不过，"抹"还有mā的读音。

 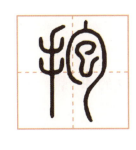 

"抱"是形声字，形旁是"扌"，声旁是"包"，表示用手臂围住的意思。抱着孩子，抱住一根柱子，紧抱着两膝，都是用手臂围住。

25

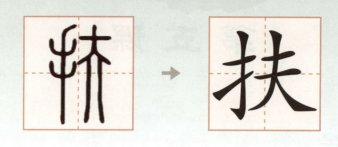

📢用手去搀扶，使人或东西不倒下来。如搀扶老人、小孩不让他们跌倒，扶起被吹倒的小树苗。有时为了自己的安全也应该用手扶着墙，扶着栏杆。"扶"字的形旁是"扌"，声旁是"夫"。

📢照着样子画叫做"描"。我们学写字，就是用笔在印好的红字上照样子写，这是"描红"。"描"字的形旁是"扌"，声旁是"苗"。

开蒙启智

学习时要注意选择合适的书籍。同时还要善于发现疑问，要善于求教。

一

fēi shèng shū　　bǐng wù shì
非圣书，屏勿视。

bì cōng míng　　huài xīn zhì
敝聪明，坏心志。

——《弟子规》

孔子说过，非礼勿视。远离圣贤之道的书籍，摒弃不看，因为那些离经叛道的言论会阻碍心灵趋向美好，给悟性蒙上一层灰。

二

xīn yǒu yí,
心 有 疑，
suí zhá jì。
随 札 记 。
jiù rén wèn,
就 人 问，
qiú què yì。
求 确 义 。

——《弟子规》

学与习

读书过程中发现有不懂的，或不同意作者的观点时，可以随手做记号。古人有眉批、夹注等不少实用的读书方法。"就"表示靠近。开口请教，往往比自己埋头苦思效率更高。寻找确切的意思是个过程，在不断的求问求证中，自己可以获得更多。

高适和岑参是唐朝著名的边塞诗人，读读他们的诗吧。

别董大
bié dǒng dà

〔唐〕高适
táng gāo shì

千里黄云白日曛，
qiān lǐ huáng yún bái rì xūn

北风吹雁雪纷纷。
běi fēng chuī yàn xuě fēn fēn

莫愁前路无知己，
mò chóu qián lù wú zhī jǐ

天下谁人不识君？
tiān xià shéi rén bù shí jūn

逢入京使

〔唐〕岑参

故园东望路漫漫，
双袖龙钟泪不干。
马上相逢无纸笔，
凭君传语报平安。

学与习

高适送别友人，充满了豪情。岑参托人带个口信回家，伤感得泪水涟涟。

古 琴

　　琴又称瑶琴、玉琴、丝桐和七弦琴，被文人视为高雅的代表，至今有三千年以上历史，是汉文化中地位最高的乐器，居于中国传统文化四艺"琴棋书画"之首。古代有"士无故不撤琴瑟"和"左琴右书"的说法。古琴音域宽广，音色深沉，余音悠远。

　　琴还被视为亲情和友谊的象征，甚至被看做生命的象征。《世说新语》里讲了王羲之两个儿子的故事。

　　子猷（yóu）、子敬兄弟俩都病了，弟弟子敬先去世，哥哥子猷去奔丧，径直坐在灵床上，拿起弟弟子敬的琴来弹。琴弦已松，声音不调，子猷便将琴掷在地上说："子敬啊子敬，人琴俱亡。"大哭不止，不到一个月也去世了。

鼓琴图

第 六 课

识文断字

"足"的古字形（）像一个膝盖和一只脚掌，是"脚"的书面语。足字旁的字，意义大多数都和足部动作有关。

跑

跑是我们很常见的动作，慢慢地走，快快地跑。体育课上我们要赛跑，骑着马奔叫跑马。"跑"当然用"足"做形旁。声旁"包"与"跑"韵母相同。

这是"跨栏"的"跨"字，它是形声字，形旁是"足"，声旁是"夸"，"跨"表示迈过、越过的意思。跨栏这项运动不就是在跑步的过程中越过一个个栏架吗？我们翻越一座高山也可以说"跨越"，一座连通两岸的大桥可以说它"横跨"了一条河流。

大家看过芭蕾舞表演吗？芭蕾舞的舞者们踮着脚尖做出一个个优雅的动作。"踮"是形声字，形旁是"足"，声旁是"店"，表示提起脚跟用脚尖着地的动作。

这是"鸡飞狗跳"的"跳"，它是形声字，形旁是"足"，声旁是"兆"。"跳"字通常都表示脚的动作，但慢慢地，人们也用它来描述其他一起一伏像是在跳的动作，例如"心跳""眼皮跳"。

开蒙启智

在古代，晚辈与长辈相处时，有很多规矩。

一

chēng zūn zhǎng   wù hū míng
称 尊 长 ，勿 呼 名 。
duì zūn zhǎng   wù xiàn néng
对 尊 长 ，勿 见 能 。

——《弟子规》

学与习

　　尊长，在你心目中包括哪些人？除了亲戚中的长辈，还包括学校里的老师。在师道尊严的古代，直呼家长、老师的大名可是大忌哦。在尊长面前卖弄也是可笑的。

二

zhǎng zhě lì
长 者 立，
yòu wù zuò
幼 勿 坐。
zhǎng zhě zuò
长 者 坐，
mìng nǎi zuò
命 乃 坐。
zūn zhǎng qián   shēng yào dī
尊 长 前， 声 要 低。
dī bù wén   què fēi yí
低 不 闻， 却 非 宜。

——《弟子规》

学与习

　　长辈让你坐，你才能坐。在尊长面前音调高八度很不礼貌，但应答的声音轻得听不到也是走向另一个极端了，应当谦逊而又大方地与尊长说话。

第六课

33

誦诗冶性

读这两首写景的诗，最好一边读一边想象。

枫桥夜泊
fēng qiáo yè bó

〔唐〕张继
táng zhāng jì

月落乌啼霜满天，
yuè luò wū tí shuāng mǎn tiān

江枫渔火对愁眠。
jiāng fēng yú huǒ duì chóu mián

姑苏城外寒山寺，
gū sū chéng wài hán shān sì

夜半钟声到客船。
yè bàn zhōng shēng dào kè chuán

滁州西涧
chú zhōu xī jiàn

〔唐〕韦应物
táng wéi yìng wù

独怜幽草涧边生，
dú lián yōu cǎo jiàn biān shēng

上有黄鹂深树鸣。
shàng yǒu huáng lí shēn shù míng

春潮带雨晚来急，
chūn cháo dài yǔ wǎn lái jí

野渡无人舟自横。
yě dù wú rén zhōu zì héng

学与习

　　乌鸦，渔火，古庙，客船；黄鹂，深涧，幽草，春雨。你还能读出什么景物来？

围　棋

围棋在古时代被称为"弈"（yì），围棋的棋盘古时候称为"局"。围棋的用具由棋盘和棋子组成。棋盘由纵横交错的19条直线构成一幅座标图，图中共有361个交叉点，其中有九个带有明显黑点标志的交叉点叫"星"，中心的一个星叫做"天元"。下围棋的基本规则是：在交叉点上落子。执黑子者先下一子，随后白方落子。双方交替，直至终局。看谁占领地盘多为胜。

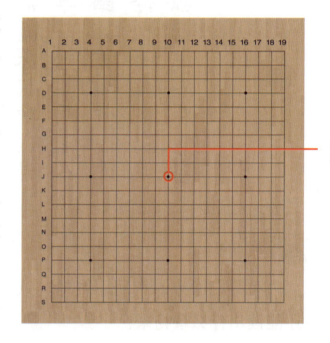

天元

围棋产生于中国，但何时产生至今没有定论。但至少在春秋战国时已有记载。中国、日本、韩国是传统围棋强国，近年来围棋在欧洲、美洲等地广泛传播。

第 七 课

　　"心"的古字形（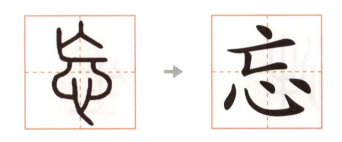）像人心脏的样子。古人相信心脏是生命的源泉，并且是思考的器官。部首为"心"的字大多和人的感情、思想有关。

　　"忘"是形声字，形旁是"心"，声旁是"亡"。"亡"是失去的意思。一个人心里的东西失去了，就叫做"遗忘"。当我们对一个地方喜欢得忘了回家就叫"流连忘返"，当我们刻苦学习，都忘了吃饭睡觉，就叫"废寝忘食"，当我们对一样事物记忆深刻一辈子都不会忘就叫"终生难忘"。

　　"怒"是形声字，形旁是"心"，声旁是"奴"。"奴"与"怒"的声母、韵母都相同，只是声调不同。

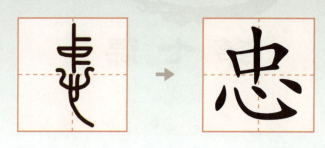

📢 "忠"是形声字，形旁是"心"，声旁是"中"。如果一个人面对任何人、任何事都能把自己的心放在正中，不偏不倚，实事求是，客观公正，就是忠。所以"忠"就是忠诚无私，尽心竭力的意思。对朋友有一颗中正的心，就叫"忠诚"；对工作有一颗中正的心就叫"忠于职守"。

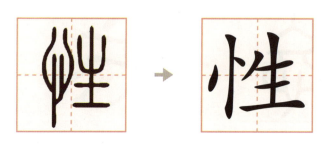

📢 "性"是形声字，形旁是"心"，声旁是"生"。一个人内心中与生俱来的本质就叫"本性"。一个事物最本质的特征就叫"属性"。"性"这个字后来慢慢可以用来表示其他与情感、态度有关的心理特征，例如"感性""理性"等。

开蒙启智

《千字文》有点像小小的百科全书。

一

lóng shī huǒ dì　　nióo guān rén huáng
龙 师 火 帝，鸟 官 人 皇。
shǐ zhì wén zì　　nǎi fú yī cháng
始 制 文 字，乃 服 衣 裳。

——《千字文》

这段话讲述的是中华文明的起源。"龙师"就是伏羲氏，相传他用龙给百官命名。"火帝"就是炎帝，相传他用火来命名百官。"鸟官"是少昊氏，传说他用鸟来给百官命名。"人皇"是远古时代的神。相传黄帝的史官仓颉（jié）创造了汉字，黄帝的妻子嫘（léi）祖教百姓制作衣服。

二

zuò cháo wèn dào，chuí gǒng pián zhāng。
坐　朝　问　道，　垂　拱　平　章。

ài yù lí shǒu，chén fú róng qiāng。
爱　育　黎　首，　臣　伏　戎　羌。

xiá ěr yī tǐ，shuài bīn guī wáng。
遐　迩　一　体，　率　宾　归　王。

——《千字文》

"垂拱"是"垂衣拱手"的省略语，这里的"拱手"表示毫不费力。"平章"是辨别的意思。"黎首"就是百姓。"戎羌"泛指边地的民族。"率宾"是"率土之滨"的省略语，指的是普天之下。英明的君王坐在朝堂上询问治国之道，毫不费力就能辨别百官功劳，达成无为之治。他爱护百姓，所以边地的民族也都臣服，不管远近，都乐意归顺。

苏轼是北宋著名的文学家,这两首诗写的是西湖和庐山的景色。

饮湖上初晴后雨
yǐn hú shàng chū qíng hòu yǔ

〔北宋〕苏轼
běi sòng sū shì

水光潋滟晴方好,
shuǐ guāng liàn yàn qíng fāng hǎo

山色空濛雨亦奇。
shān sè kōng méng yǔ yì qí

欲把西湖比西子,
yù bǎ xī hú bǐ xī zǐ

淡妆浓抹总相宜。
dàn zhuāng nóng mǒ zǒng xiāng yí

题西林壁
tí xī lín bì

〔北宋〕苏轼
běi sòng sū shì

横看成岭侧成峰，
héng kàn chéng lǐng cè chéng fēng

远近高低各不同。
yuǎn jìn gāo dī gè bù tóng

不识庐山真面目，
bù shí lú shān zhēn miàn mù

只缘身在此山中。
zhǐ yuán shēn zài cǐ shān zhōng

学与习

　　苏轼说，雨中的西湖，晴天的西湖，都是好看的。他还说，站在庐山中，就看不清庐山的真面目。你知道他为什么这样说吗？

中国象棋

中国象棋源远流长，历史悠久。据说先秦时候就出现了，到宋朝基本定型，一直流传到今天。

象棋的棋盘为长方形，上面画着九条纵线和十条横线，共有90个交叉点，中间有一条空白地带叫"河界"，一般写为"楚河""汉界"。棋盘上下两端的中间部分以斜交叉线构成"米"字形方格，称为九宫。对局双方以河为界各占一半，双方各有棋子16枚，分别为将（帅）一，士（仕）二，象（相）二，马二，车二，炮二，卒（兵）五。关于象棋的规则，有一首歌诀这样写："将军不出九宫内，士只相随不出宫。象飞四角管四方，马行一步一尖冲。炮须隔子打一子，车行直路任西东。兵卒只能进一步，过河横行退无踪。"最终，谁能"吃掉"对方的将帅，谁就获得胜利。

第 八 课

识文断字

　　很多月字旁其实是肉（  ）字旁，当"肉"字被压扁充当偏旁时，它的笔划就被古代书法家们简化了，看起来就和"月"字一样了。月（肉）字旁的字，意义大多数都和身体有关，和月亮有关的极少。

肚

　　"肚子"的"肚"是形声字，形旁是"月"（肉），声旁是"土"，"土"和"肚"的韵母相同，都是 u。以"土"做声旁的字还有"吐""杜""牡"等，虽然声母各不相同，但韵母都是 u。

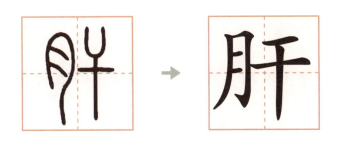

　　"心肝"的"肝"是形声字，形旁是"月"（肉），声旁是"干"（在古代是盾牌的意思）。我们的肝脏像盾牌一样，为我们抵御入侵身体的毒素。

"北"的古字形像两个人背靠背，本义即背部。后来"北"字常被用来表示方位，人们便用"北"加上形旁"月"（肉）来表示背部，于是就有了"背"字。

人的两手两脚合称"四肢"，人的躯干如同树的树干一样，四肢就如同树枝一样是躯干的"分支"。所以"肢"的形旁是"月"（肉），声旁是"支"（兼表字义）。

开蒙启智

古人在为人处事上有很多规矩，有些对我们依然有用。

一

chǔ shì jiè duō yán， yán duō bì shī

处 世 戒 多 言， 言 多 必 失。

——《朱柏庐治家格言》

古人觉得说话太多，就会失言，容易招来灾祸。

二

wù shì shì li ér líng bī gū guǎ
勿恃势力而凌逼孤寡，
wù tān kǒu fù ér zì shā shēng qín
勿贪口腹而恣杀牲禽。

——《朱柏庐治家格言》

凌，就是欺负、侮辱的意思。恣，指的是放纵，随意。人要有悲悯之心，不可放纵自己的口腹之欲。

杜牧的这两首诗也是千古名诗，一定要背下来哦！

江南春
jiāng nán chūn

〔唐〕杜牧
táng dù mù

千里莺啼绿映红，
qiān lǐ yīng tí lǜ yìng hóng

水村山郭酒旗风。
shuǐ cūn shān guō jiǔ qí fēng

南朝四百八十寺，
nán cháo sì bǎi bā shí sì

多少楼台烟雨中。
duō shǎo lóu tái yān yǔ zhōng

山 行
shān xíng

〔唐〕杜牧
táng dù mù

远 上 寒 山 石 径 斜 ，
yuǎn shàng hán shān shí jìng xié

白 云 生 处 有 人 家 。
bái yún shēng chù yǒu rén jiā

停 车 坐 爱 枫 林 晚 ，
tíng chē zuò ài fēng lín wǎn

霜 叶 红 于 二 月 花 。
shuāng yè hóng yú èr yuè huā

学与习

　　春天的江南，绿树红花，细雨迷蒙。深秋的山林，小径幽深，枫叶火红。这些都是美景啊！

47

园艺

中国传统园林是中华传统文化的重要部分。园林具有可行、可观、可游、可居等功能，它是人工与自然相结合的完美体现，构成传统园林的主要元素，有山、水、花木和建筑。园艺是多种艺术的综合体，它反映出中国传统的哲学、美学、文学、绘画、建筑等各类学科艺术要素和工程技术的成就。传统园林可以分成皇家园林、私家园林、寺观（guàn）园林和风景名胜园林四大类别。皇家园林如圆明园、避暑山庄，私家园林最盛的要数苏州、杭州、扬州等地，其中苏州园林和杭州园林是中国园林艺术的杰出代表。

园林一景

第 九 课

　　人字旁（亻）像一个人侧面的样子。人字旁的字，意义大多数都和人的动作或身份有关。

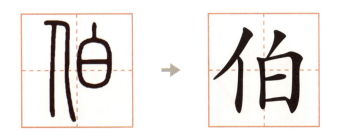

　　如今很多家庭都是独生子女，但古代的家庭里子女很多，所以称呼也很多。爸爸的弟弟叫叔叔，爸爸的哥哥就叫伯伯。"伯"是形声字，形旁是"人"，声旁是"白"。

　　兄弟的儿子叫侄子。在古代，兄弟的女儿用"姪"，这个字后来不用了，兄弟的女儿叫侄女。"侄"是形声字，形旁是"人"，声旁是"至"。

49

"傭"是"佣"的繁体字。古代富贵人家的家里有仆人、丫环等做杂活的人，他们统称为"佣人"。"佣"是形声字，形旁是"人"，声旁是"用"。

古代的军队在野外生火做饭，十个人围坐一个火堆一起吃饭，于是这十个人就俗称"伙伴""同伙"，后来就泛指一起学习、工作的人。"伙"是形声字，形旁是"人"，声旁是"火"，表示同伴的意思。

开蒙启智

下面这几句与时间有关的话，大家都很熟悉吧。

一

shào zhuàng bù nǔ lì
少 壮 不 努 力，
lǎo dà tú shāng bēi
老 大 徒 伤 悲。

——《增广贤文》

学与习

徒，白白地。

二

yì nián zhī jì zài yú chūn
一 年 之 计 在 于 春，
yí rì zhī jì zài yú chén
一 日 之 计 在 于 晨。
yì jiā zhī jì zài yú hé
一 家 之 计 在 于 和，
yì shēng zhī jì zài yú qín
一 生 之 计 在 于 勤。

——《增广贤文》

学与习

一年的计划应在春天做好，每天的计划应在早晨做好。一个家庭最重要的是和睦，人生要有所成就必须勤劳。

在风景中，你能看到动与静，能看到远与近，能看到高与低。你还能看到什么？

绝　句
jué　jù

〔唐〕杜甫
táng　dù fǔ

两个黄鹂鸣翠柳，
liǎng gè huáng lí míng cuì liǔ

一行白鹭上青天。
yì háng bái lù shàng qīng tiān

窗含西岭千秋雪，
chuāng hán xī lǐng qiān qiū xuě

门泊东吴万里船。
mén bó dōng wú wàn lǐ chuán

惠崇春江晓景
huì chóng chūn jiāng xiǎo jǐng

〔北宋〕苏轼
běi sòng   sū shì

竹外桃花三两枝，
zhú wài táo huā sān liǎng zhī

春江水暖鸭先知。
chūn jiāng shuǐ nuǎn yā xiān zhī

蒌蒿满地芦芽短，
lóu hāo mǎn dì lú yá duǎn

正是河豚欲上时。
zhèng shì hé tún yù shàng shí

学与习

"千秋雪"告诉我们时间，"万里船"告诉我们距离。蒌蒿是画在画上的，河豚则是诗人联想到的。其实，这两首小诗里还有不少秘密，让家长或者老师告诉你吧。

器　玩

　　古玩器皿是我国传统文化的重要组成部分。它是指经过特殊工艺技巧加工制作的各类既有实用价值又有观赏价值的器皿物件。它的门类复杂多样，大体可分为两类：一类是注重实用，和人类生活密切相关，同时又兼有艺术欣赏价值的器具，如陶器、瓷器、漆器、金银铜器、砚台墨；另一类则是主要供人们观赏把玩、装饰陈设用的，其本身没有实用价值的艺术品，如玉、石、雕刻品。

　　此外，古器玩还应包括具有各地民俗风情的民间工艺品，以及利用各种材料经艺术加工制成的一些特殊工艺品。

清代珐琅彩花鸟盘

第 十 课

识文断字

再学几个人字旁的字。

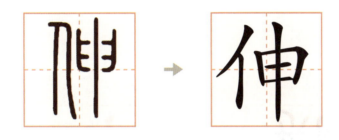

🔊 "伸"是形声字，形旁是"人"，声旁是"申"，表示身体、手脚、脖子等部位伸展的意思。成语"能屈能伸"形容一个人能弯曲也能伸直，能忍耐也能大干一番。

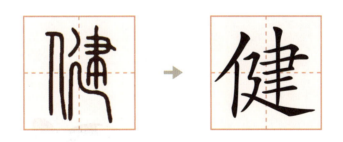

🔊 "健康""健壮"的"健"是形声字，形旁是"人"，声旁是"建"，表示强壮有力的意思。此外，形容一个人很敏捷可以说"矫健"。通过锻炼使身体健康就叫"健身"。

 "傍晚"的"傍"是形声字,形旁是"人",声旁是"旁",表示靠近、临近的意思。所以,"傍晚"指的就是临近晚上的时候。

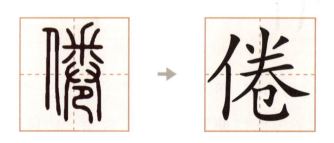

 成语"孜孜不倦"形容一个人勤奋努力,不知疲倦。"倦"是形声字,形旁是"人",声旁是"卷",表示疲倦、劳累的意思。

有些道理，你一定听到过。等你长大了，回过头来想一想，会觉得古人说得真好。

一

rén wú yuǎn lù　　bì yǒu jìn yōu
人 无 远 虑， 必 有 近 忧。

——《增广贤文》

学与习

这话最早见于《论语·卫灵公》篇。"远虑"就是拒绝"鼠目寸光"，但也不必"杞人忧天"噢！

二

xué zhě shì hǎo　　bù xué bù hǎo
学 者 是 好， 不 学 不 好。

——《增广贤文》

学与习

终身学习是让人生充实而有意义的最佳途径。

杜甫的诗太有名了，再读两首吧。

绝句

〔唐〕杜甫

迟日江山丽，
春风花草香。
泥融飞燕子，
沙暖睡鸳鸯。

江畔独步寻花
<small>jiāng pàn dú bù xún huā</small>

〔唐〕杜甫
<small>táng　dù fǔ</small>

黄 四 娘 家 花 满 蹊，
<small>huáng sì niáng jiā huā mǎn xī</small>

千 朵 万 朵 压 枝 低。
<small>qiān duǒ wàn duǒ yā zhī dī</small>

留 连 戏 蝶 时 时 舞，
<small>liú lián xì dié shí shí wǔ</small>

自 在 娇 莺 恰 恰 啼。
<small>zì zài jiāo yīng qià qià tí</small>

学与习

春天来了，世间万物都是暖暖的，花开了，越开越多，蝴蝶来了，黄莺也来了。你能感受到诗人此时的心情吗？

服 饰

服饰文化是一个民族文明程度的体现，可以反映一个民族的审美创造力和情趣。

中国服饰文化源远流长，多姿多彩。它起源于传说中的三皇五帝时代，经历过商周、秦汉一直到明清。中国的服饰以纺织开端，这为服装形式逐步完善奠定了基础。养蚕、缫（sāo）丝、织绸，然后做成各种服饰，初步形成上衣下裳的形制。后来种棉花，棉布成为服饰常用的原料。

服饰在历朝历代还是地位的象征。每一朝代的男女服饰均有自己独特的形制，而中国是一个多民族的国家，各民族的服饰也各有自己的特点。

唐代仕女服饰